AF224261

LES
38 MILLIONS
DE SOUVERAINS

ET

LEURS PROUESSES

PAR

H. G. DES PRINCES DE P.

—

PRIX : 1 fr.

—

PARIS

CHEZ TOUS LES LIBRAIRES

—

1874

Propriété de l'auteur

LES

38 MILLIONS DE SOUVERAINS

ET

LEURS PROUESSES

> Avant tout, je suis catholique convaincu, et je raisonne en conséquence.
>
> Je suis Français par le cœur, sinon de naissance, et j'aime la France passionnément, non pas telle qu'elle est, mais telle qu'elle doit être et que je la vois dans mes rêves dorés.

I

Point d'autre monde pour les nations. Les vertus ou les crimes d'un peuple doivent recevoir dans le temps, et sur la terre même, leur récompense ou leur châtiment; c'est ainsi, et s'il en était autrement, je me révolterais contre la Providence.

Il faut être aveugle, impie, ou fataliste, pour ne point reconnaître le doigt vengeur de Dieu dans l'esclavage abrutissant où sont tombés les peuples d'Orient, berceau jadis du christianisme et de toutes les civilisations.

Un grand crime a été commis : la tête sacrée d'un roi
innocent est tombée sous la hache du bourreau. A quatre-
vingts ans de distance, j'entends encore le cri de ré-
probation qui s'élève de la poitrine de tout Français qui
se respecte, et je vois la rougeur de la honte monter au
front de tout Français qui n'a pas perdu le sentiment de
l'honneur.

Dès cette époque fatale, la France, cette belle et noble
France, œuvre du plus beau sourire de Dieu, a passé par
les épreuves les plus douloureuses et les plus terribles ; et
pourtant rien n'a pu lui rendre la paix et le calme dont
elle a tant besoin ; aucune expiation n'a pu apaiser la juste
colère de Dieu !

Tombée au plus profond de l'abîme, noyée dans le sang
de ses propres enfants, la France allait périr. Un homme
de génie, envoyé de Dieu pour la relever et la châtier tout
à la fois, la prit dans sa main de fer, et l'enchaîna à son
char de triomphe. Au despotisme de la multitude succéda
le despotisme d'un seul. Le mot liberté resta en tête des
institutions comme une amère ironie et fut remplacé en
réalité par le mot gloire. Et la France fut glorieuse et
reine de toutes les nations. Fut-elle heureuse? Demandez-
le aux champs ravagés, au trésor anéanti, au commerce
en ruine, à l'industrie éteinte ; demandez-le aux mères
éplorées, aux malheureux orphelins, aux veuves déso-
lées.... Immense hécatombe du meilleur sang de la France,
immolé à l'ambition d'un seul, qui se fit tyran au nom de
la liberté!.... Mais enivré à son tour, ce géant des temps
modernes fut pris lui aussi de vertige ; dans son orgueil, il
osa élever ses yeux jusqu'au sommet du Vatican. Il vit
là une puissance qui s'élevait au-dessus de la sienne, et
voulut l'humilier et l'amoindrir.

Il avait compté sans Dieu !...

Une nuit blanche fit tomber les bras à ses quatre cent
mille soldats ; une épaisse couche de neige fut le linceul

funéraire de la grande armée; et l'homme de génie, le vainqueur de toutes les nations, marchant de déroute en déroute, de désastre en désastre, aboutit à Sainte-Hélène. Pauvre France! Eut-elle un seul jour de paix, pour se réjouir de ses triomphes inouïs?

Garda-t-elle un seul pouce de terrain de ses immenses conquêtes? Bien loin de là....

L'invincible France, la reine des nations allait devenir la proie de toutes les puissances coalisées, qui voulaient se la partager. Ce fut alors qu'un illustre proscrit, n'ayant d'autre prestige que le souvenir de ses ancêtres, d'autre force que son principe, d'autres armes que son droit, se présenta aux puissances de la terre, en s'écriant : « *Pas un pouce de terrain, pas une pierre de nos forteresses;* la France est à moi, comme moi-même je suis à la France, personne n'a le droit d'y toucher. » Et les vainqueurs de Waterloo, tout enivrés qu'ils étaient de leur triomphe, furent obligés de s'incliner devant ce vieillard désarmé, qui au nom de son principe réclamait la reddition intacte de l'héritage de ses aïeux. La force du droit l'emporta sur le droit de la force, et la France fut sauvée, et, bénie par le vicaire de Jésus-Christ, qu'elle-même eut à suprême honneur. de rétablir sur son trône séculaire, reprit la place qui lui était due parmi les grandes puissances européennes, et vit des jours de paix et de prospérité s'écouler et se suivre à l'ombre de la religion et de la vraie liberté.

Cette grande leçon aurait dû profiter à la nation coupable. L'expiation avait été terrible; la réparation était-elle complète?... Hélas! par l'instinct de sa propre conservation, la France accepta, invoqua même son sauveur, mais oublia bien vite le principe en vertu duquel elle avait été sauvée. Les rois légitimes, qui en parlant moins de liberté en assuraient la plus large possession à tous les honnêtes gens; les rois légitimes, qui s'étaient faits les vrais fondateurs de toutes les libertés politiques, honnêtes et utiles à la société, ne purent nullement contenter les exigences des partisans des nouvelles doctrines sociales. Il leur fallait du nouveau. On chérissait toujours l'infâme héritage de la Convention; et les journées de juillet 1830 ensanglantèrent de nouveau le sol sacré de la patrie. Au roi de France, et à son vieux principe héréditaire, succéda le roi des Français, l'élu de deux cent trente députés, qui prétendirent se faire les interprètes de la volonté nationale. Le châtiment de Dieu fut lent à venir; mais il fut plus terrible, car il agit sur les intelligences....

Des hommes éminents se groupèrent autour de ce pouvoir nouveau, et crurent à sa raison d'être, et ils y croient encore. Hélas! ce fut ce que j'appelle le triomphe d'un faux principe, qui devait faire son chemin, et précipiter la France petit à petit dans l'abîme où elle est tombée. Le triomphe d'un faux principe est le plus grand malheur qui puisse arriver à une nation.

II

Le roi règne non plus par la grâce de Dieu, qui est le maître suprême, et dont le roi n'est que le lieutenant et le représentant sur la terre; mais par la grâce du peuple, qui est le vrai souverain, et dont le roi n'est que le délégué pour administrer la justice en son nom! Fatale, épouvantable utopie, qui s'est emparée de toutes les intelligences, et a envahi tous les cœurs!

Si le peuple est souverain, ce n'est donc qu'une dérision que ce mot écrit en tête de la Constitution de 1830 : « La personne du roi est sacrée et inviolable. » C'est le peuple souverain qui est sacré et inviolable; c'est le roi, son délégué, qui est le seul justiciable. Eh quoi! le peuple souverain devrait donc s'incliner devant la volonté d'un homme qui ayant reçu le pouvoir de ses propres mains, veut en user contre lui, en lui imposant des devoirs qu'il ne veut pas accomplir, ou des châtiments qu'il ne veut pas subir! — Mais le roi, dira-t-on, n'est que l'exécuteur de la loi. Soit. Le peuple a fait la loi, le peuple la déchire. Qu'à-t-on à répondre? La lumière s'est faite; lancé à pleines voiles dans la voie du progrès, le peuple peut se conduire tout seul; il n'a plus besoin ni de roi, ni de lois répressives. Il sait lire ce peuple-là; il a appris même sa leçon par cœur; il sait désormais *que la propriété est un vol, que le mariage chrétien est une chaîne insupportable et une invention des prêtres, que le divorce est une nécessité de la nature humaine, que les enfants de l'adultère sont les mieux bâtis, étant le produit de la passion dans toute sa vigueur et dans toute sa force, que la peine de mort est un assassinat légal, etc., etc.*[1]. Eh quoi! moi enfant du peuple, moi créature de Dieu, *ou fils d'un singe perfectionné*, qui est libre comme l'air qu'il respire, ayant les montagnes et les plaines pour vivre à sa guise dans l'exercice et la plénitude de sa liberté; moi, souverain et juge suprême de tout ce qui me regarde et peut m'être agréable, c'est moi qu'on a l'absurde prétention de vouloir asservir, enchaîner, et même pendre ou fusiller! Allons donc! *A bas les rois! à bas les prêtres! à bas toutes les lois gênantes, qu'elles soient politiques ou religieuses. Marchons en avant, marchons toujours, et que les boyaux du dernier des prêtres nous servent à étrangler le dernier des rois.* Voici les conséquences monstrueuses qu'on peut tirer d'un faux principe.

La logique du peuple est inexorable. On a semé le vent, on ne peut récolter que la tempête. Je n'invente rien, je n'exagère rien. La Révolution de 1848, le 4 septembre 1870, le 18 mars 1871, et je serais tenté d'ajouter le 30 octobre 1873, se dressent devant nous, pour nous apprendre où mène le principe de la souveraineté du peuple. Qu'on supprime les quatre cent mille baïonnettes de la France, et on en verra de plus belles[2].

1. Voir le 1er appendice. — 2. Voir le 2e appendice.

III

Per me, dit le Seigneur, *per me Reges regnant et legum conditores justa decernunt.* C'est par moi que les rois règnent; c'est par moi qu'ils font les lois et administrent la justice. (Proverbes, ch. VIII.) *Omnis potestas a Deo est,* tout pouvoir vient de Dieu; et celui qui résiste à l'autorité légitime, résiste aux ordres de Dieu; *et qui potestati resistit, Dei ordinationi resistit.* (St Paul, Épît. aux Rom., ch. III.) C'est comme cela, et il ne peut pas en être autrement. Bon gré, mal gré, les partisans des nouvelles doctrines sociales, tout chrétien, soit-il catholique ou luthérien, calviniste, méthodiste ou quaker, ne peuvent pas mettre en contestation la susdite vérité, écrite en toutes lettres dans le Nouveau Testament.

Dieu tient les rois sur le trône tant qu'il veut, ou tant qu'il lui convient de le permettre; et quand il veut les abattre, un acte instantané de sa volonté suffit. On a proclamé la déesse Raison; Dieu a-t-il cessé pour cela d'être Dieu? On a proclamé le roi, régnant par la grâce du peuple; a-t-on lié pour cela les mains de Dieu pour le détrôner quand il veut?

Tout pouvoir est sacré, car tout pouvoir représente Dieu sur la terre; soit qu'on l'appelle roi héréditaire, ou roi électif, selon les lois ou les traditions du pays, ce sera toujours au nom de Dieu et par la volonté de Dieu, et comme lieutenant de Dieu, qu'il régnera. C'est ce que nous, chrétiens, appelons le principe du droit divin.

Tout pouvoir est inviolable; à moins qu'il ne fût question d'un tyran, d'un vrai tyran dans toute l'étendue du mot, l'Église catholique aussi bien que toutes les Églises chrétiennes refusent au peuple le droit de se débarrasser du pouvoir légitime et traditionnel du pays. Louis XVI et Charles X étaient-ils des tyrans? Non. Leurs ennemis les plus acharnés n'oseraient l'affirmer. De quel droit donc les a-t-on détrônés? Le petit-fils de Charles X n'a cessé un seul jour de protester contre cette indigne spoliation. Il est l'héritier légitime du trône de ses ancêtres ; l'alliance plusieurs fois séculaire établie entre la France et la Maison de Bourbon subsiste toujours : d'abord parce que la France n'avait aucune bonne raison pour la rompre, et ensuite parce que l'héritier légitime du trône n'a pas le droit d'y renoncer. Si la royauté est un bénéfice, elle est aussi un devoir. Le roi se doit à son peuple, comme le peuple se doit à son roi. Méconnaître ces éternels principes de vérité et de justice, c'est reconnaître au peuple le droit de s'insurger et de renverser ses souverains quand bon lui plaît. Prenez garde ! Cette conséquence est strictement logique. Ou Charles X a été détrôné injustement, ou le peuple, s'il est en force, peut se créer un gouvernement nouveau tous les jours. Mettons tous les six mois : le temps tout juste de nommer les ministres, les ambassadeurs, les préfets, et tous les autres employés de l'État. En vertu de ce principe, tous ceux qui n'ont pas été invités au festin des victorieux ont bien le droit de recommencer la bataille, dans l'espoir de saisir à leur tour une part des dépouilles. C'est la porte ouverte à toutes les révolutions. C'est clair, c'est net ; et cela est arrivé à tous les peuples en état de décadence. L'empire romain dans le temps, l'Espagne de nos jours, parlent assez haut.

Le droit donc de Monseigneur le comte de Chambord n'est point contestable.

IV

Vous ne comptez pas, me dira-t-on, sur le droit moderne?

Pour qu'un droit nouveau soit respectable, il faut avant tout qu'il soit vrai, et qu'il soit reconnu, et qu'il soit consacré par le temps et le succès. Pendant quarante-trois ans

je vois la France se débattre toujours entre la vie et la
mort. On va de révolution en révolution ; on essaye de tout:
roi électif; république rouge; suffrage universel; empire ;
escamotage de pouvoir ; république conservatrice sans le
concours des républicains ; république qui côtoie un peu
la dictature, créée par les monarchistes; et je ne vois en
tout cela que le droit du plus fort, le droit de la révolution. Est-ce un droit vrai et qui impose le respect? Non,
mille fois non; la conscience publique se révolte à reconnaître à la révolution le droit de recourir pendant quarante-trois ans à toute sorte d'expédients pour échapper
à la reconnaissance du droit légitime et traditionnel de la
France.

Est-ce un droit reconnu ? Mais toutes les nations, en reconnaissant de fait les divers gouvernements de la France,
ont toujours réservé la question du droit. Donc ce droit
moderne, qu'on invoque à tout instant, n'a été nullement
reconnu par aucune puissance légalement constituée, toutes les nations de la terre ayant pour base essentielle de
leur droit public, le respect et l'inviolabilité du pouvoir
traditionnel du pays.

Est-ce donc la consécration du temps qu'on veut invo-
quer? Elle n'existe pas. Tous les gouvernements qui se
sont succédé en France avec une rapidité si effrayante
sont issus d'un nouveau droit et d'un nouveau principe.

La Constitution de 1830 eut pour base le principe de la
souveraineté nationale identifiée au parlementarisme. Les
droits de Dieu y étaient méconnus, et les droits parlemen-
taires y étaient trop exagérés, et presque divinisés. Chaque
député se croyait un souverain. De là cet abus, qui rend
impossible tout gouvernement, de vouloir tout examiner,
tout discuter, tout contrôler dans les actes du pouvoir.
C'était tout bonnement le protestantisme en politique, conséquence logique du protestantisme religieux. Une erreur
en engendre une autre. On avait permis au protestantisme

de s'installer publiquement en France. Ç'avait été une faute. Une nation catholique, en vertu de sa profession de foi, étant sûre de posséder la vérité tout entière, ne devait pas dire à l'erreur : « Viens t'asseoir près de moi, et au même niveau que moi. » On a permis ensuite aux doctrines protestantes de se répandre librement au milieu d'une société éminemment et essentiellement catholique. On est allé plus loin encore. On n'a pas voulu déclarer dans la Constitution de 1830 que la religion catholique était la religion de l'État, en établissant de fait ce principe absurde et dissolvant : « L'État est athée, et doit l'être. » De là toutes les insultes, toutes les licences, tous les pamphlets contre la religion de la grande majorité, de la presque unanimité de la France. Y a-t-il un pays en Europe qui n'ait pas une religion d'État, je vous le demande? Mais en France on veut du nouveau, du nouveau à tout prix, du nouveau toujours.

En ce cas, soyez mahométans, si bon vous plaît; mais au nom du salut de la Patrie, ayez une religion d'État. Dans la libre Angleterre, l'observance du dimanche est une loi fondamentale de la Constitution. Rien de plus dangereux pour le peuple que l'indifférentisme de l'État en fait de religion. Si vous ne vous croyez pas en droit de répudier la religion de vos ancêtres, la religion de Clovis, de Charlemagne et de saint Louis, la religion catholique, en un mot, soyez chrétiens, mais soyez-le sérieusement; et si j'osais pousser la logique aussi loin que certains jacobins, je vous dirais : « *Fusillez-moi ces gens-là*, qui effrontément, et en falsifiant l'histoire, ont l'outrecuidance d'attaquer la religion du Christ dans ses dogmes et dans sa morale, comme portant atteinte à la religion de l'État et se rendant coupables de lèse-majesté divine. » Après avoir essayez de toutes les débauches, de la libre pensée, essayé un peu de Jésus-Christ, en articulant la foi de la nation et la croyance du pays à sa divinité et à sa puissance surnaturelle, vous

vous en trouverez fort bien ; c'est Dieu même qui vous en fait la promesse. *Si potes credere, omnia possibilia sunt credenti.* (Saint Matthieu.)

J'entends chuchoter à mes oreilles : « Mais ce langage n'est point un langage politique, cela sent la sacristie à cent lieues. » Eh ! ma foi, oui. Je brûle jour et nuit de l'encens pour étouffer autant que je puis les malsaines émanations qui s'exhalent de nos chansons, de nos pièces de théâtre, de nos romans, et même, et surtout, de notre littérature moderne tout empreinte d'athéisme et de matérialisme. Frémissant d'indignation et d'horreur à la vue de nos statues dévergondées, et de nos tableaux impudiques, publiquement exposés, je me réfugie dans le temple de Dieu, pour élever mon âme au Ciel, à l'aide des chefs-d'œuvre de Michel-Ange et de Raphaël, représentant les mystères de notre sainte religion.

Et c'est cela ce qu'on appelle la liberté de conscience !...

La liberté de conscience n'implique nullement le droit d'insulter publiquement à la pudeur, et de propager dans le peuple l'immoralité et l'incrédulité.

La liberté de conscience, comme principe politique, consiste dans le devoir de l'État de faciliter à chacun l'accomplissement de ses devoirs religieux, selon sa croyance, et de laisser vivre tranquilles tous ceux qui ne croient en rien, sans que personne s'arroge le droit de leur imposer une croyance religieuse quelconque ; mais de cette liberté à la négation publique de tous les dogmes, et de toute la morale chrétienne, il y a un abîme.

Et la France l'a compris bien tard, hélas ! Par une sublime inconséquence de bonne pudeur, il y a à peine six ou sept ans, le Sénat a repoussé avec indignation la pétition d'un prêtre catholique, demandant la permission de se marier civilement. C'était un acte illégal ; le bon sens pratique a réagi contre la loi, et on a répondu au prêtre apostat : «Faites ce que vous voudrez dans votre intérieur, mais ne scandalisez point le peuple par un parjure et un acte impie public et légal. » Et tout récemment, tous les éléments conservateurs de la Chambre se sont trouvés d'accord pour interdire l'éclat de pompe qu'on se plaisait à déployer pour les enterrements civils. On a dit : « Que chacun soit libre de se faire enterrer comme un chien; mais nous défendons qu'on fasse au grand jour l'apothéose de tels misérables : ce serait un bien triste exemple, et bien contagieux pour le peuple. » Vous avez bien agi, messieurs les députés; mais vous avez agi contre la loi. Vous auriez mieux fait, vous feriez bien mieux encore de mettre en tête de votre Constitution : « La religion de l'État est la religion catholique apostolique romaine, comme elle est la religion de la grande majorité de la France. Toutes les religions chrétiennes des différentes professions de foi, le judaïsme compris, seront respectées par l'État, qui fournira à chacun les moyens de remplir ses devoirs religieux. Tout homme qui se permettra de prêcher publiquement, ou d'insinuer dans ses écrits l'immoralité et l'athéisme, sera puni par les peines les plus sévères. » En quoi, je vous le demande, cette loi porterait-elle atteinte à la liberté de conscience? Bien au contraire, elle en serait la sauvegarde la plus certaine : car toute conscience honnête est blessée dans ses plus chères affections, et menacée dans sa propre existence par cette propagande antireligieuse, dirigée avec un esprit d'enfer contre le pauvre peuple. Ah! les grands prêtres de Satan savent bien ce qu'ils font. Un peuple à qui on a arraché sa croyance en Dieu, en lui faisant perdre à la fois toute espérance et toute crainte d'outre-tombe, devient tout à fait intolérant des maux présents de la vie, et au premier appel il est tout prêt à se rendre aux barricades. Et il y a tout à gagner et rien à perdre. S'il meurt, c'est la cessation de la douleur et le néant; s'il reste debout, c'est le commencement de toutes les jouissances, c'est de l'or, de l'or en masse, de la puissance, des honneurs. Les maîtres dirigeants l'ont promis au moins ; tandis qu'eux, avec un désintéressement sans exemple, et par pur dévouement, ont soin de s'emparer à l'Hôtel de Ville de toutes les places éminentes de l'État, à l'heure même où ils envoient le peuple à la boucherie.

V

J'ai signalé les défauts essentiels de la Constitution de 1830. Le mot : *roi des Français*, résume le fond de cette Constitution à pied d'argile. Dieu, qui régnait dans la personne du roi de France, y est détrôné : n'en parlons plus. Le peuple, qui règne dans la personne du roi des Français, y est intronisé légalement : inclinons-nous devant la souveraineté nationale. Dieu et roi contrôlés, et discutés dans leurs doctrines et dans leurs actions, en vertu du principe de la liberté de conscience et de la liberté de la presse, ont fait leur temps : le peuple n'en veut plus.... Et c'est ainsi que, de discussion en discussion, de protestation en protestation, de négation en négation de toutes les doctrines religieuses et sociales, on est logiquement tombé dans l'indifférentisme religieux et dans la République rouge de 1848.

Le temps donc n'a pas consacré la raison d'être de la monarchie de Juillet, et encore moins le succès : dix-huit ans d'existence, aboutissant à la Révolution de 1848, ne peuvent effacer les droits séculaires des rois légitimes de France.

Le droit héréditaire ne pouvait pas être invoqué hier ; il est tout à fait disparu aujourd'hui. Monseigneur le comte de Paris, ne consultant nullement notre bon plaisir, mais seulement son bon sens, son honneur et son patriotisme, y a renoncé à tout jamais, en reconnaissant solennellement le droit de l'auguste chef de la Maison des Bourbons.

Invoquera-t-on l'excellence de la Constitution? Elle est essentiellement défectueuse. Je l'ai prouvé.

VI

Le roi légitime est tout disposé à octroyer une charte à la nation, en choisissant, comme l'abeille, tout ce qu'il y a de bon, d'utile et d'applicable aux besoins de la société moderne, dans toutes les constitutions essayées depuis 1814 jusqu'à nos jours. Avons-nous le droit de nous méfier de la parole du roi, parole mille fois renouvelée, et confirmée dans toutes ses lettres, dans toutes ses proclamations, et s'appuyant sur l'honnêteté d'un prince qui, de toute sa vie, n'a jamais forfait à l'honneur? Prenons garde : car si nous disons oui, nous portons atteinte au principe qui nous impose la restauration immédiate de la monarchie légitime, et contre lequel il nous est de toute impossibilité d'opposer un droit quelconque qui soit consacré par le temps et le succès. Prenons garde : car si nous nous arrogeons le droit de nous méfier de la parole sacrée du roi avant de le voir à l'œuvre, et jouissant de toute la plénitude de sa liberté, nous tombons fatalement dans les mêmes erreurs des conventionnels de 1793, avec la seule différence qu'ils agissaient sans l'expérience du passé, et sous l'empire de passions hideuses et révoltantes; tandis que nous agissons avec un esprit calme et réfléchi, qui nous apprend par l'expérience où mènent les nouvelles doctrines sociales. Les conventionnels firent tomber la tête d'un roi, et de milliers de gens de bien coupables d'avoir aimé Dieu et le roi; tandis que notre timidité, notre inertie, nos préjugés, nos dissensions, nos rêves de liberté impossible, et inapplicable à un peuple profondément imbu d'idées antichrétiennes et antisociales, préparent à la France, à l'Europe, au monde entier les révolutions les plus sanglantes, l'incendie, le pillage et l'abrutissement le plus complet.

VII

Je passe au second Empire. Sa raison d'être repose sur un nouveau droit : « La responsabilité du chef de l'État, nommé par le suffrage universel, et contrôlé par la représentation nationale. » Ce fut le despotisme à l'ombre du mot liberté, écrit dans toutes les pages de la nouvelle constitution. Et il ne pouvait pas en être autrement. L'Empereur avait compris que la France avait besoin d'un maître, et il le fut. Mais sa constitution étant fondée sur le sable, un souffle de vent devait l'emporter. En plein dix-neuvième siècle, dans un pays aussi agité par les partis, aussi remuant et aussi ami de nouveauté que la France, un fondateur d'une nouvelle dynastie, responsable de ses actes vis-à-vis de la Nation, je pourrais le comprendre ; mais un chef responsable, contrôlé par une Chambre librement élue, je ne le comprends pas. Aurait-il des candidatures officielles soutenues par tous les moyens dont peut disposer un gouvernement à la conscience un peu élastique ? En ce cas, ses actes, bons ou mauvais, justes ou affreusement tyranniques, seraient toujours encouragés, sanctionnés, applaudis par une foule de courtisans, ayant le nom de députés. Entendons-nous bien, je ne dis pas que l'Empereur a été un tyran et les députés des courtisans : j'attaque les faux principes, et non pas les hommes. Je dis que si l'Empereur avait voulu se faire tyran à la Néron, et mettre le feu aux quatre coins de Paris pour s'amuser, en vertu de son principe, il le pouvait. Nous ne manquons pas, hélas ! de pétroleurs qui auraient accepté la députation, ni de claqueurs de théâtres qui, réunis ensemble et payés à un franc par tête, auraient voté comme un seul homme en leur faveur. Les abstentionnistes auraient fait le reste. Le chef de l'État ne voudrait-il pas de candidatures officielles ? Et alors, légitimistes, orléanistes républicains modérés, républicains rouges, et tout le peuple, toujours ami des secousses sociales, iraient voter pour lui envoyer une Chambre complétement hostile, et il serait perdu irréparablement. Ainsi, l'empereur Napoléon III étant responsable vis-à-vis de la Nation légalement représentée, son existence était devenue une question de temps. Un vote de défaveur de la Chambre ou du pays, soutenu par une partie de la Chambre, devait l'abattre. Ce vote ne se fit point attendre. L'émeute était là, toute prête ; les députés de l'opposition l'attendaient. L'Empire s'écroula presque de lui-même. Le colosse aux pieds d'argile fut renversé par les gamins de Paris, qui, secondés par quelques gardes nationaux, firent irruption dans la Chambre des députés. Les nouveaux représentants de la France sanctionnèrent à Bordeaux le fait accompli.

On me répondra : « Le suffrage universel n'a pas été consulté. » Eh! messieurs, est-ce que vous avez consulté le suffrage universel le 2 décembre, ou quand vous avez chassé vos rois légitimes de leurs trônes séculaires, ou proclamé vos républiques sanglantes? Le suffrage universel, tel qu'il s'exerce en ce moment, est l'utopie la plus dangereuse et la plus déplorable, surtout quand il tombe dans les mains de gens à la conscience peu honnête. Dans les républiques les plus anciennes et les plus démocratiques les voix se pesaient, ne se comptaient pas : c'étaient les pères de famille qui étaient appelés à donner leur avis dans les grandes questions d'État. Du reste, avez-vous à votre disposition comme jadis les trésors de la Banque de France? Avez-vous le prestige d'un nom qui, par ses antécédents, fasse oublier Sedan, quand le grand Napoléon, nonobstant tout son passé, n'a pas pu faire oublier Waterloo? Tenter l'épreuve ce serait une folie, et vous n'en avez pas le droit. Votre droit aurait pu être à peine respectable s'il avait été consacré par le temps et le succès. Il vous manque l'un et l'autre. N'y songez plus.

VIII

Le droit du Roi légitime s'impose à la France, et comme acte de réparation, et comme ancre unique de salut.

Avez-vous des alliances? Non. Avez-vous des ennemis, tout prêts à profiter de vos discordes pour se rejeter sur vous? Oui. Pouvez-vous changer la situation? Non, mille fois non. Toute-puissante pour détruire, la Révolution est impuissante pour réédifier. Eh bien! si le Roi légitime avait été rappelé le 5 novembre, le 6 le comte Orloff signait l'alliance offensive et défensive entre la Russie et la France: il en avait reçu le mandat ou il devait le recevoir immédiatement après le retour du Roi. Hier encore j'en avais la conviction, aujourd'hui j'en ai la certitude, car je le sais de toute science. L'alliance de la Russie et de la France aurait infailliblement occasionné la chute du ministère en Angleterre et en Autriche, et la reine d'Angleterre et l'empereur d'Autriche auraient aussi demandé l'alliance de la France. Et la Bavière et la Saxe n'auraient pas manqué de secouer le joug prussien qui leur devient chaque jour plus insupportable. La Révolution européenne, qui a son club central à Paris, aurait été obligée de déménager et d'aller s'installer à Berlin. Ç'aurait été le commencement de votre revanche. Mais ici on travaille, comme on dit, pour le roi de Prusse, et sur les ordres de M. de Bismark. Ainsi l'Allemagne n'a rien à craindre. Elle nous aidera de tout son appui et de son or, s'il le faut, pour affermir notre République, afin de nous débarrasser de toutes les influences qui peuvent nous conduire à avoir des alliances sérieuses et redoutables. L'empereur d'Allemagne ne veut pas, entendez-le bien, que le seul homme ayant pour lui le droit et l'autorité de son principe puisse se présenter un jour, à la tête de la France, en répétant, avec le même bonheur que son aïeul, ce mot à jamais funeste et célèbre : « Pas un pouce de terrain, pas une pierre de nos forteresses. Je suis l'héritier légitime du trône de France : faites pour moi ce que l'Europe entière fit pour Louis XVIII ; et si vous ne faites pas droit à ma juste réclamation, je vous plains bien : un roi qui se refuse d'accomplir un acte de justice n'est plus digne d'être roi. »

Ah ! j'ai rouvert cette plaie encore saignante de la France !...

Guerre maudite et fratricide ! aveuglement inconcevable et surnaturel, où le doigt vengeur de Dieu se fait voir dans toute sa lumière ! Grande leçon pour les hommes, qui n'ont pas tout à fait perdu au fond de leur cœur le sentiment des anciennes gloires de la France catholique !... La série des désastres de cette guerre insensée commença le 6 août, le jour même où l'armée française abandonnait Rome définitivement !... Il est bon de ne point l'oublier.

Honneur aux vaincus ! Inclinons-nous devant M. le maréchal de Mac-Mahon qui, avec trente-six mille hommes, se trouvant en face de cent mille, soutint pendant toute une journée l'honneur des soldats de la France, et sut opérer glorieusement sa retraite à travers les phalanges ennemies. Dieu dans sa miséricorde, au milieu de tant de défaillances et de tant de déceptions, voulut conserver intact l'honneur de cet homme providentiel qu'il avait choisi pour relever la France de l'abîme, et la rendre, au jour venu, à son roi légitime et traditionnel.

IX

Récapitulons.

Un grand crime a été commis en 1793. Le même crime, sous formes différentes, mais toujours sanglantes, s'est reproduit en 1830. L'expiation a été terrible et bien longue, et pourtant elle ne cesse pas, et ne cessera point tant qu'il n'y aura pas de réparation. Si, par impossible,

Dieu pouvait le vouloir, il ne le pourrait pas; la perfection
même de sa nature divine s'y oppose formellement. Point
de repentir, point de pardon; point de réparation, point
de miséricorde! C'est ainsi: toutes nos larmes, toutes nos
prières, tous nos pèlerinages ne pourront jamais, au grand
jamais, obtenir de Dieu la consécration d'un acte de suprême injustice.

Le droit du roi légitime se dresse géant devant nous
pour nous imposer notre devoir. Le roi règne par la grâce
de Dieu! Ce mot, à lui seul, est toute une constitution, et
peut parfaitement suffire à remettre en équilibre cette
machine délabrée et en ruine qu'on appelle la France.

Nous avons combattu noblement le 24 mai et le 19 novembre; toutes les forces de la révolution étaient coalisées
contre nous : nous avons triomphé, sans que nos triomphes aient coûté une seule goutte de sang à la France. Ne
faut-il pas voir dans ces victoires un gage certain de
triomphe pour la bataille suprême?

L'orléanisme n'existe plus.

Le prince impérial, honnête homme, sera renversé dans
six mois; malhonnête, il peut se faire tyran. Le pouvoir
grise la jeunesse. *Dabo vobis regem parvum* (Histoire du peuple de Dieu).

La République conservatrice est impossible. La France
est partagée en deux camps. Les monarchistes de toutes
les nuances d'un côté; les radicaux de l'autre, appuyés sur
les pétroleurs. Les républicains modérés sont si peu nom-
breux, que pour réaliser leurs rêves de l'âge d'or, ils doivent, à leur tour, s'appuyer sur les radicaux. Point de
radicaux, point de République possible; car il n'y a qu'eux
qui la veulent impérieusement aujourd'hui, pour céder la
place demain à la Commune, à la lueur de l'incendie.

Malheur, malheur à nous! Nous avons des oreilles pour
ne pas entendre, des yeux pour ne pas voir, des cœurs
pour en étouffer les battements généreux et patriotiques,

le plus souvent, hélas! par pur esprit de parti....' Et Dieu nous abandonne!... *Curavimus Babylonem et non est sanata, derelinquamus eam.*

Et hier encore la France était reine de toutes les nations, et tous les souverains de la terre s'y rendaient des plus lointaines régions pour y admirer les prodiges de son industrie, et les merveilles féeriques de sa capitale (exposition de 1867)! Qu'a-t-elle fait de sa couronne? Dieu la lui arracha de la tête, parce qu'elle était coupable.... Peut-il la lui remettre? Qui en douterait? Et cependant, des hommes qui ordonnent des prières publiques à l'ouverture des sessions législatives, et qui reconnaissent par ce fait même la main de Dieu dans le châtiment, ne veulent pas avoir confiance en lui pour le bonheur qu'il leur promet, quand ils auront satisfait à sa justice! *Modicæ fidei quare dubitastis?* Ils implorent la miséricorde, mais en persistant dans l'injustice! Ils font semblant de vouloir réparer le mal, mais en imposant des conditions; ils demandent à Dieu le pardon, mais sans conditions!

Malheur, malheur à nous! *Induratum est cor Pharaonis!*...

La Chambre est au pied du mur. Il n'y a pas un instant à perdre. Le spectre rouge nous entoure et nous menace de toute part....

LE ROI LÉGITIME OU LA COMMUNE LÉGALE!

CHOISISSEZ.

PREMIER APPENDICE

Du même auteur : Sur la peine de mort.

La peine de mort est un assassinat légal; c'est le peuple souverain qui le dit. Il est parfaitement logique. Je m'explique. Il est évident que l'abolition de la peine de mort pour crimes politiques doit, dans un temps donné, entraîner l'abolition de cette peine pour les crimes de droit commun. Et cette double suppression, si l'on est logique, doit avoir pour conséquence inévitable l'abolition de toute pénalité. Supprimer la peine la plus forte pour les crimes qui attaquent la sécurité de l'État, c'est-à-dire la sécurité de tous, et la conserver pour les crimes commis contre les simples particuliers, est une inconséquence monstrueuse, qui doit tôt ou tard emporter le développement toujours logique et conséquent des événements humains. D'un autre côté, supprimer comme excessive dans l'un et l'autre cas la peine de mort pour les crimes capitaux, c'est supprimer toute espèce de pénalité pour les délits moindres. Car si une fois on applique aux premiers une peine quelconque, qui ne soit pas la peine de mort, toute autre peine appliquée aux seconds violera nécessairement les règles d'une proportion équitable, et dès lors sera efficacement combattue comme oppressive et injuste.

Les gouvernements n'ont de compétence pour imposer une peine à l'homme, qu'en leur qualité de délégués de Dieu; et la loi humaine n'a de force que lorsqu'elle est l'application de la loi divine. Les gouvernements qui nient Dieu et sa loi, se nient eux-mêmes. Nier la loi divine et affirmer la loi humaine; affirmer le crime et nier le péché; nier Dieu et affirmer un gouvernement quelconque, c'est nier ce qu'on affirme, affirmer ce qu'on nie, tomber dans une contradiction palpable.

L'athéisme de la loi et de l'État, ou, ce qui sous une expression différente est en définitive la même chose, la sécularisation de l'État et de la loi, est une théorie qui ne cadre guère avec la théorie de la pénalité. « A moi seul la vengeance, dit le Seigneur, à moi seul le droit de punir et de récompenser. » *Mihi soli vindicta, ego retribuam.* On ne peut point ôter ce qu'on n'a pas le pouvoir de donner. En reconnaissant dans le pouvoir légalement et légitimement constitué le principe chrétien du droit divin, on peut bien infliger la peine de mort ou toute autre pénalité, au nom de Dieu, pour venger la société offensée ; car tout pouvoir légitime et politique a le droit et le devoir d'exercer sur la terre l'action conservatrice de Dieu, comme le père de famille en exerce l'action créatrice, et le pape l'action sanctificatrice. Mais en vertu de la souveraineté nationale, la peine de mort est ni plus ni moins qu'un assassinat légal ; et je défie tous les publicistes selon le droit moderne de me donner une seule raison, aussi petite qu'elle soit, pour établir le droit sur lequel on peut fonder la justice de cette peine capitale. On dira, on prouvera jusqu'à l'évidence la nécessité de la peine de mort ; on invoquera la tradition de tous les siècles et de tous les peuples ; mais quant au droit, ils ne trouveront moyen de l'établir, sans reconnaître forcément dans le pouvoir leur origine divine.

La peine de mort a été abolie quelque part : mais ce quelque part n'est pas la France. Tout ce que fait la France, en bien ou en mal, tôt ou tard est adopté par le monde entier ; Dieu l'avait voulu ainsi pour la propagation de la justice et de la vérité. Satan en abuse pour propager le mensonge et l'iniquité. La motion d'abolir la peine de mort a été déposée à la Chambre. Je m'adresse avec respect, mais avec une pleine franchise, aux deux centres de la Chambre, dont les solides croyances religieuses, par une frappante contradiction de l'esprit humain, se trouvent en parfaite opposition avec leur foi politique, et je leur dis en tremblant : « Si dans le pouvoir que vous exercez en ce moment, vous ne vous reconnaissez pas les dépositaires d'un pouvoir divin, que tôt ou tard vous devrez remettre dans les mains de qui de droit, en votant pour la peine de mort, vous vous faites (sans le vouloir, bien entendu) les assassins légaux des coupables ; et en votant contre la peine de mort, vous vous faites les assassins illégaux de l'humanité tout entière, à qui il ne restera plus aucune garantie contre des monstres qui ne reconnaissent d'autre justice que la pointe acérée de leur poignard, ou le canon de leur mousquet. » Comment sortir de cette impasse ? Réfléchissez.....

Quant à moi, je ne vous demande que d'être conséquents. Quand on est les représentants d'un grand peuple, la logique est de toute rigueur.

DEUXIÈME APPENDICE

Sur l'origine criminelle et insensée du principe de la souveraineté du peuple, et sur les conséquences strictement logiques que le peuple sait tirer de ce principe et de toutes les fausses doctrines de nos jours. (Du même auteur.)

Il m'en coûte, Dieu m'est témoin, de dire des crudités et d'affirmer des paradoxes, et j'en fais d'avance mes excuses à tous ceux qui peuvent se trouver blessés par mes paroles. Qui aime bien châtie bien. Un peuple libre est digne d'entendre un franc parler : *A popolo libero, libere parole*. On a tant abusé de la liberté de la presse pour combattre la vérité, que personne n'oserait me contester le droit d'en user pour démasquer, persifler et stigmatiser l'erreur. Ceci dit, faisons un peu de logique à bâton rompu, s'il vous plaît.

Les conventionnels de 1793, inventeurs de fait du principe de la souveraineté nationale, ont eu leur compte ; l'histoire en a fait justice. Passons. En 1830, deux cent trente députés renversèrent le trône de Charles X, parce que le roi n'était pas du même avis qu'eux. Le cas était prévu dans la Constitution, conforme en cela à toutes les constitutions du monde. En cas de désaccord entre le roi et les représentants de la nation, c'est le roi qui a le droit de dissoudre la Chambre, et non point la Chambre de détrôner le roi. Ainsi les deux cent trente députés qui le jetèrent en bas, se rendirent coupables du crime de haute trahison, parjures envers Dieu et félons envers le roi. Ce ne fut pas tout. Ils se mirent à la place du roi, et se décernèrent eux-mêmes le pouvoir de souverains. Charles X victorieux, à moins d'un acte de clémence de sa part, le sort de ces messieurs aurait été bien à plaindre, la loi étant très-sévère à cet égard; Charles X battu, ces messieurs furent les vrais fondateurs légaux de la souveraineté nationale.

Me rendant un jour à Charenton, un monsieur très-distingué daigna s'offrir comme cicérone pour me faire admirer les merveilles de l'établissement. Nous rencontrâmes au jardin un personnage, à l'air très-satisfait, qui se promenait tout seul. Mon guide me dit : « Voyez-vous ce monsieur? il se croit le fils de Dieu, tandis que moi, qui suis le Saint-Esprit, je ne me rappelle pas de l'avoir créé. » Mon aimable cicérone était tout bonnement un pauvre fou, bien tranquille et tout à fait charmant. Le voulant tenir dans le haut rang qu'il s'était décerné lui-même, du ton le plus respectueux qu'il me fût possible : « Saint-Esprit, lui dis-je, est-ce que vous vous rappelez d'avoir créé, en un seul jour, trente-huit millions de souverains, vers l'année 1830 ?» Il se recueillit un instant, et : « Non, me dit-il, je n'ai pas fait cela : ç'aurait été une sottise, et je n'en fais jamais. »

Non moins fou que le Saint-Esprit de Charenton, moi qui, dans l'intérêt de l'humanité et de la France surtout, ai l'absurde prétention de parler politique à tort et à travers, et me faire l'interprète des lois établies par Dieu pour la direction des sociétés humaines, j'ai cherché et recherché dans les histoires de tous les peuples et de tous les temps, j'ai lu et relu l'Ancien et le Nouveau Testament, et je n'ai pu trouver un seul mot sur lequel il me fût donné d'établir le principe de la souveraineté du peuple. Au temps du paganisme, des peuples en masse ont décerné les honneurs du temple à leurs rois ; jamais un roi ne s'est prosterné devant son peuple. L'origine donc de la souveraineté nationale, quant à la légalité, date de 1830. Voyons-en les effets déplorables et strictement logiques.

Les révolutionnaires de 1848, après dix-huit ans de souveraineté, trouvèrent que le roi, leur délégué, était usé, et ne répondait plus à leurs besoins : ils le jetèrent en bas. Furent-ils coupables ? Certainement non. Quand les maîtres ne sont pas contents de leurs intendants, ils n'ont qu'à les mettre à la porte. C'est tout naturel ; le roi Louis-Philippe en convint lui-même en défendant à l'armée de tirer sur le peuple ; et tandis que Louis XVI sut mourir en grand roi et Charles X prit la route de l'exil, escorté par toute la garde royale et aux cris de : Vive le roi, dans tout son parcours, le roi des Français, et plus tard l'empereur des Français, prirent la fuite, en vrais régisseurs qui ont peur des fureurs justes ou injustes de leurs patrons. L'un alla se réfugier en Angleterre ; l'autre, se cachant pour ainsi dire sous la jupe de sa tendre mère, fut contraint de *filer* pour Bruxelles. Ils furent tout de même ingrats ces trente-huit millions de rois en 1848. Leur délégué leur avait donné la paix et la tranquillité pendant dix-huit ans. Le commerce, l'agriculture, l'industrie, les sciences étaient dans leur plus grand développement. Les anciens députés fondateurs de la souveraineté nationale, par leur talent et par leur travail honnête et assidu, avaient rendu d'importants services au pays. Les enfants de la Maison d'Orléans avaient payé de leur sang et de leur dévouement les gloires de leurs trente-huit millions de souverains. Ils avaient achevé la conquête de l'Algérie; créé une marine de guerre splendide, organisé une armée formidable.... Mais l'ingratitude n'est pas un délit punissable par la loi. Les révolutionnaires de 1848 sont innocents. Passons.

Les hommes du 4 septembre 1870 ne voulurent plus de l'homme qui fut battu à Sedan. Ils étaient dans leur droit; l'empereur étant responsable de ses actes, devait s'incliner devant un vote de défaveur. Il n'y a pas eu la moindre petite faute. Ces messieurs ont bien mérité de la patrie, qui, à la presque unanimité de ses représentants, s'empressa de ratifier le fait accompli. Passons.

Jamais la voix du peuple souverain n'a été mieux représentée que le 18 mars 1871 : 400 mille hommes armés jusqu'aux dents, ayant à leur disposition 400 canons, intiment à leurs délégués de Versailles de se retirer. Et voilà que les délégués ne veulent pas entendre raison et se révoltent contre la volonté du peuple souverain. Comprenez-vous les hommes du 4 septembre et *leurs généreux amis* se faisant les juges inexorables des hommes du 18 mars, en voulant conjurer la tempête à coups de canon après avoir semé le vent? Au fond je les remercie au nom de tous les honnêtes gens ; mais ils ont été illogiques. Si *toute créature humaine est fatalement faillible; si tout individu peut se tromper de bonne foi ; si le bien et le mal sont relalifs, selon l'appréciation de chacun,* comment absoudre le 4 septembre et condamner le 18 mars?—On a brûlé les monuments!—C'étaient les palais destinés à l'habitation des régisseurs de Versailles, rebelles à la volonté du peuple souverain. On a tué les otages !—C'était un droit de représailles exercé dans toutes les guerres fratricides.—*S'il n'y a ni Dieu ni aucun pouvoir humain qui soit respectable; si le but unique de la vie est de se procurer la plus large part de jouissances possibles par tous les moyens qui peuvent tomber en notre pouvoir;* si les grands faiseurs *de révolutions promettent toujours le bonheur pour le lendemain,* comment se plaindre si le peuple souverain s'emparant un jour de ce lendemain mille fois promis et jamais atteint en use et en abuse à sa guise? *Si la mort est le néant*, comment condamner les saturnales du camp de la porte Maillot, où des hommes se préparant à mourir bravement sur le champ de bataille, pour défendre leur couronne, s'en donnent à cœur joie peut-être pour la dernière fois? *S'il n'y a ni loi divine*, *ni éternité*, il n'y a point de péché. *Non novi peccatum, nisi per legem* (St Paul). Non, non ; ces messieurs du 18 mars agissaient logiquement et héroïquement.... Honneur au courage! Honneur à ceux qui savent affronter la mort pour la défense d'un principe!... Si le principe est essentiellement faux, s'il est absurde, s'il est monstrueux, tant pis pour ceux qui l'ont inventé, et ne veulent pas le détruire.

Quant à moi, je soutiens comme rigoureusement logique tout mon échafaudage d'absurdités et d'infamies. Le principe de la souveraineté nationale admis, la glorification du vice et l'apothéose de la Commune en découlent comme conséquence *extrême*, il est vrai, mais fatalement inévitable.

Ah! messieurs les honnêtes gens, vous frémissez d'horreur à mes paroles ; vos cheveux se hérissent d'épouvante sur votre tête ; je vous vois tout disposés à me décerner les honneurs de Charenton ; ne vous hâtez pas trop, j'ai encore un mot à vous dire....

Les théories des saintes insurrections, et des crimes héroïques conséquence funeste du principe de la souveraineté nationale, font déjà poindre à l'horizon les plus sanglantes aurores. A l'heure qu'il est, le nouvel Évangile du monde s'écrit peut-être dans un bagne.... Quand vous serez contraints de subir ces nouveaux apôtres, et leur Évangile au nom des éternels principes de 1793, légalisés en 1830, on vous dira : « Vous avez acquis une fortune par votre travail et par votre talent ! Vous avez volé la nation, qui « seule » a le droit de posséder pour le bonheur de tous ; nous vous condamnons aux travaux forcés, ou à l'exportation. Vous adorez Dieu, et vous aimez le roi! Vous commettez un acte d'idolâtrie, et vous êtes une conspiration permanente contre la grandeur et la divinité de l'État; quoique ennemis de la peine de mort, nous ne pouvons pas châtier autrement un crime de lèse-majesté nationale et divine. Vous serez fusillés. Vous êtes purs et chastes! Vous manquez de payer à l'État votre contingent de bras pour le défendre, et de filles pour l'amuser. Nous vous mettons en vente, pour....... l'Orient. En un mot, le jour n'est pas éloigné où il n'y aura qu'un crime : un seul crime, entendez-le bien..... L'INNOCENCE !!!....

Ah ! ma France bien-aimée, c'est à genoux que j'implore ton pardon pour ma franchise !

Mourante, comme tu es, dans la plénitude de ta jeunesse et de ta beauté, tout ménagement de ma part aurait été une trahison. Si j'ai combattu tes doctrines par le plus hideux persiflage, c'est pour te secouer de ton état de léthargique et mortelle démence, et te rappeler à la raison et à la vie. Si j'ai déchiré tes entrailles, en mettant à nu toute la profondeur et toute la gravité de tes blessures, c'est pour te forcer à prendre soin de toi-même.

Du courage : il en est temps encore. Le médecin est à nos portes; nous n'avons qu'à l'appeler.... Veux-tu?

France, toujours grande, même dans tes revers! toujours noble et chevaleresque, même dans tes égarements! Belle toujours, même sur ton lit de mort, que deviendras-tu, quand la voix de l'Éternel, adoucie par ton repentir, te rappellera à la santé et à la vie?

Quand *décorée* de la gloire de tes armes, *armée* de la foi de tes ancêtres, l'éclat de vérité et de justice éclairant ton intelligence, aveuglée par l'erreur, et tes yeux desséchés par les larmes, te remettra sur le front la splendide couronne de fille aînée de l'Église?

Que deviendras-tu, dis-je, quand par ta puissante et pacifique influence, tournant tes yeux vers l'Orient, tu y apporteras la lumière évangélique, pour dissiper les ténèbres et les ombres de la mort, où gémissent tant de peuples abrutis dans l'ignorance et le vice?

Quand fidèle à ta mission divine, tu auras inauguré dans l'univers entier le royaume de Jésus-Christ : royaume de paix, de liberté, d'égalité et de fraternité?

Mes vœux peuvent rester incompris pour quelque temps encore ; l'avenir me rendra justice.

Mes craintes, on ne veut pas les partager ; nous l'apprendrons, hélas! à nos dépens. Mais nous nous relèverons !!!

France, ma bien-aimée, c'est du plus profond de mon cœur que je t'ai adressé la parole.... réponds-moi par ton cœur!!!

Je ne suis qu'un enfant en politique : cette branche des sciences humaines, comme bien d'autres, hélas! n'est pas de mon domaine ; aussi il se peut que mon langage ne soit pas strictement correct. Quant aux principes, j'ai la folie (délicieuse folie, qui ne fait point de mal à personne, et qui me rend heureux!), j'ai la folie, dis-je, de. croire qu'à l'aide d'un petit *vade mecum*, qui ne me quitte jamais, je puis en savoir mille fois plus que bien des savants, qui par oubli ou par parti pris ne veulent pas puiser aux mêmes sources que moi. Ce *vade mecum* s'appelle tout simplement le livre des Saintes Écritures!!!

Typographie Lahure, rue de Fleurus, 9, à Paris.

www.ingramcontent.com/pod-product-compliance
Lightning Source LLC
Chambersburg PA
CBHW051407050726
47595CB00006B/2741